자연을 꿔다가 시를 빚는다

김영혜 시집

실천

자연을 꿔다가 시를 빚는다
실천 서정시선 097

_____

초판 1쇄 인쇄 | 2024년 8월 26일
초판 1쇄 발행 | 2024년 8월 30일

지 은 이 | 김영혜
발 행 인 | 이어산
기 획 · 제 작 | 이어산
발 행 처 | 도서출판 실천
등 록 번 호 | 서울 종로 바00196호 등 록 일 자 | 2018년 7월 13일
　　　　　| 진주 제2021-000009호　　　　　| 2021년 3월 19일
서울사무실 | 서울특별시 종로구 율곡로 6길 36
　　　　　　02)766-4580, 010-6687-4580
본사사무실 | 경남 진주시 동부로 169번길 12. 윙스타워지식산업센터 A동 705호
　　　　　　055)763-2245, 010-3945-2245　팩스　055)762-0124
편 집 · 인 쇄 | 도서출판 실천
디자인실장 | 이예운　　디자인팀 | 변선희, 김승현, 김현정

ISBN 979-11-92374-57-4
값 12,000원

* 이 책은 전부 또는 일부 내용을 재사용하려면 저작권자와 '도서출판 실천'의 동의를 받아야 합니다.
* 이 책의 국립중앙도서관 출판예정도서목록(CIP)은 서지정보유통지원시스템(http://seoji.nl.go.kr)과 국가자료종합목록시스템(http://www.nl.go.kr/kolisnet)에서 이용하실 수 있습니다.
* 잘못된 책은 교환해드립니다

자연을 꿔다가 시를 빚는다

김영혜 시집

■ 시인의 말

흙담을 타고 능소화가 그렁그렁 피어올라 여름 길목을 환히 밝힙니다. 쉼 없이 꼼지락거리는 계절의 변화를 놓치지 않으려 바쁜 걸음을 재촉했습니다.

지나온 시절을 돌이켜 짓이긴 치자 열매 한 방울 떨어뜨려 시를 빚었습니다.

나의 시가 활착하여 공감으로 호흡을 하고
어린 시절 아련한 기억의 조각들로 순한
웃음이 터져 나오기를 바라봅니다.

_ 2024년 8월 김영혜

■ 차례

1부

빚을 진 날 12
시절인연 13
멧밭쥐 14
그곳 15
미나리 어매 16
마을회관에서 외친 통일 17
관계의 유통기한 18
존재의 이유 19
느림의 미학 20
사랑의 침략자 21
바람과 풍경 22
새로운 길 23
이사하는 날 24
기다린다는 것 25
마지막 소원 26
사량도 지리산을 오르며 27
살아가는 법 28
어린 순례자 30
눈물에게 31
채송화와 쇠비름 33

2부

대추 한 알 36
고모 집 가는 길 38
보리수 이야기 40
또 다른 나 41
딸아 내 딸아 42
1/2, 43
간절한 바람 44
묵은지가 되고 싶다 45
시를 캐는 심마니 46
나의 지느러미 47
가을에 쓰는 편지 48
반딧불이 세상 49
마음이란 것 50
서투른 길 51
산다는 건 52
묵언수행 53
뿌릴까 말까 54
겨울 풍경 55
가시에게 56
성장통 57

3부

팽이 60
빨간불 61
봄의 왈츠 62
보고 싶다 64
여름 채집 65
가을의 안단테 67
다알리아 꽃길을 걸으며 68
시간을 거슬러 69
유월이 오면 70
인생의 숲길에서 71
배우고 있습니다 72
낙화 73
그럴 수만 있다면 74
길을 찾아서 75
꽃씨 하나 76
빈 손 77
깃발이 되어 78
퀘렌시아 79
별을 담다 80
밤송이 81

4부

당신과 나 84
까치와 이 85
내 어머니 86
강변에서 88
이별 주의보 89
그 손 90
지독한 사랑 91
마음 비우기 92
다시 개벽 93
나에게 94
천 개의 공 96
나도 봄 97
평화의 시작 98
얼음새꽃 99
그랬으면 100
가을마중 101
불귀의 매 102
친구 103
빈 방 없습니다 105
여주의 사랑 106
시집해설 108

1부

빚을 진날

고라니가 왔다간 모양이다
불어대는 샛바람에 얼어붙은 빈집은
잠긴 열쇠 통을 움켜쥐고 지루함을 달랬을 터인데
산 속에서 내려온 고라니는
내가 잠시 비워둔 빈집이 잘 있는지
한 바퀴 휙 둘러보고
두어 평짜리 텃밭에 콩알만 한 똥을 누고 갔다
바스락대는 내 마음을 모락모락 데워주고 갔다
나는 또 빚을 졌다

시절인연

하늘을 통째 머금었던 사과 몇 알을 쏙 빼먹고 껍질을 모아 깻묵 두어 바가지 섞어 땅 심을 올렸다. 잊지 않고 구덩이 깊숙이 사랑 한 알도 밀어 맷돌호박 모종을 심었다. 아마도 밀어 넣은 사랑 한 알이 복합비료보다 지독했는지 그만 누렇게 떠 죽어버렸다. 삽으로 퍼낸 자리에 마땅히 채울 모종을 정하지 못하고 한 시일이 지났다. 농작물 시기를 놓칠까 봐 튼실하게 살 오른 단호박 모종으로 골라 황급히 달려온 날. 움푹 파인 빈자리에 길 따라 시절 따라 손님이 찾아왔다. 한 삽만큼의 햇살이 들어차더니 조금 있다가는 흥건하게 구름이 앉았다 가는 것이었다.

멧밭쥐

사과나무 아래 집 한 채 쿵 떨어졌다
풀씨 한 알 가져와 오물거리던
멧밭쥐가 화들짝 나뒹굴더니
달콤한 사과 향에 정신을 차렸다
사각사각, 빨간 집 절반이 사라졌다
꺼억, 뽈록해진 배를 내밀고 누운
사과 속의 발그레한 모습이 사랑스러워
가까이 다가가자 후다닥 줄행랑 쳐
용담 꽃 속으로 훌러덩 뛰어들더니
입가에 꽃가루를 잔뜩 묻힌 채
민들레 씨 한 알 창가에 두고 간다

그곳

두어 평 남짓한 마당에는
빨래 방망이를 흠신 두들기는 어머니
커다란 빈 장독에 절반의 몸통을 밀어
노래 부르는 나
한 바가지 끼얹은 오빠들의 등짝엔 온종일 뛰논
땟국이 흐르고
막걸리 한 잔에 틈 없이 길었던 하루를
삼키는 아버지
닭장 속 뜨끈한 알을 꺼내려다 어김없이 손등을
쪼이고 마는 곳
고무화분에 낮게 핀 채송화와 봉선화가
살고 있는 곳
내 가슴에 마르지 않고 꽂혀 살아 있는 곳

미나리 어매

봄 햇살을 쭉쭉 빨아 당겨
연초록 바다를 일군 미나리 밭에서
장화 속에 담긴 발이 시리도록
물웅덩이에 골 백번 절을 하며
미나리를 베어냈을 어머니
빨간 끈으로 야무지게 허리를 매고
담벼락 밑에 쟁여진 미나리를 보며
장날이 돌아오기만을 손꼽아 기다렸을 내 어머니
엄마, 또 밭 입니꺼?
아이다, 집에 딱 누버 텔레비 보고 있다.
맨날 쉬고 있다는 전화 속 어머니는
저세상 가신 아버지 대신 우렁각시를 들이셨는지
졸고 있는 미나리를 깨워 새벽시장으로 간다

마을회관에서 외친 통일

말도 마라, 두 번 다시 아는 못 낳겠더라
대여섯 명 줄줄이 딸자식을 둔 이야기에
귀 기울이던 감나무도 뚝 가지를 부러뜨리고
장이요, 어라 그단새 장을 외치네
한 수만 물립시더
내기 장기에 물리는 게 어딨노
보소, 끝났네 끝났어
우리도 이제 뭐하나 시켜 묵읍시더
다들 뭐 묵을라요?
짜장면 짬뽕 짬짜면
짬짜면은 뭐꼬
고마 전부다 짜장면.

관계의 유통기한

식탁 위에 오래 밀쳐져 있던 신 김치가
솜 눈 같은 곰팡이를 피웠다
버리기 아까워 묵은 양념을 씻어내고
대파와 청양고추를 다져넣어 자글자글 끓였다
쿰쿰한 냄새는 사라지고 제법 칼칼한 맛을 냈다
사람도 마찬가지일 것이다
오래된 인연을 꺼내 묵은 먼지 털어내고
편지글이나 짧은 문자라도 보내 인사를 건네면
소원한 관계는 눈 깜짝할 사이 사라지고
제법 살가운 느낌을 가지게 될 것이다

존재의 이유

감나무에 걸린 홍시 하나
산 까치가 쪼아대다 흘러내리면
그 살 부서져 산자락의 거름이 되고

소릿바람과 함께 밀려들어
제 몸을 바위에 마구 부딪치는
파도의 눈물은 발아하여 짠 소금이 되고

뱃속에 저장한 실의 양 만큼만
생존과 번식을 위해 집을 짓는 거미도
해충을 잡기 위해 열 일 마다하지 않는데

하물며 자연을 꿔다가 시를 빚는 나는
세상살이에 지친 사람들의 가슴팍에
꽃 한 송이라도 피워 얹어야 하지 않겠는가

느림의 미학

화엄사 모퉁이에 꼿꼿하게 선 소나무는
가지 위에 쌓인 눈을 털어내지 않고
저절로 녹아내리길 가만히 기다린다

자개바람 부는 퇴적된 변화를 견뎌야
겨울이 또 봄을 불러올 수 있으므로
나뭇가지 틈에 탐스럽게 열린 눈송이들도
시간이 흘러야 소나무의 피가 될 수 있으므로

소나무는 결코 서두르지 않는다
자연의 섭리를 따르며 천천히,
그러나 확실히 겨울 지나 봄을 맞이한다

사랑의 침략자

지리산 산등성이를 훑고 지나가는 바람의 발길질에
그리움을 통째 둘러메고 온 저 구름은 위대하다
은비늘 꼬리를 들썩이는 섬진강에 바윗돌을
던져 봐라
급하지도 쉬지도 않는 보폭으로 끄떡없이
흘러간다
푸른 하늘 붙박이 같은 거대한 저 해를 통째
삼켜 봐라
지리산 다리를 주저앉혀 토막을 내고 북어처럼
두들겨 봐라
어디 너를 향한 마음 거두어 지겠는가

바람과 풍경

바람은
들리지 않는 풍경소리를 탓하지 않고

풍경은
불어주지 않는 바람을 탓하지 않을 때

비로소
바람은 풍경의 존재를 알아차리고
공기의 흐름으로 말을 걸고

풍경은 바람의 존재를 알아차리고
투명하게 밀려 댕그랑 거린다

몰려오면 비켜주고 뒤처지면 밀어주고
서로에게 가닿아 하나가 된다

새로운 길

뼈대만 남아 온 몸에
이끼를 덮어쓴 옛 성당 건물이
마치 아우슈비츠 강제수용소 같다
그 앞에는
백 살도 넘은 아름드리 은행나무가
원주민들이 모두 떠난
폐허가 된 마을을 빤히 바라보고 있다
이 해를 넘기면 곧 새로워질 길
그 길 위로 어떤 사람들이 또
걸어 들어올 것인가

이사하는 날

낮은 나무담장은 덩굴장미의 허리를 받쳐 지나가는 소리를 듣는다. 털어진 문틀을 여러 번 밀고 당겨 들어선 빈 집은 농발거미에게 세를 놓고 있다. 발걸음 소리가 반가운 대청마루는 엿가락 부러지는 소리를 내며 와락 내 발목을 붙잡는다. 말문을 닫아걸었던 풍금도 어느새 옷매무새를 고치고 빤히 바라본다. 나는 갓 삶아낸 행주로 흐렸던 집안 곳곳을 닦아내며 창문가득 햇살을 들어 앉혔다. 내 허리만큼 얌전히 자라난 마당의 풀도 뽑고 오래 매달렸던 먼지 뭉치도 민들레 씨앗에 띄워 보냈다. 흙손을 털고 마루 끝에 앉으니 쾌청한 바람이 인다. 무릉도원이 따로 없다. 나는 이제 여기에서 천진난만한 데이지 꽃과 층층이부채꽃 이야기를 베틀에 넣어 촘촘하게 시를 짜야겠다.

기다린다는 것

오지 말라 하고서
전봇대에 마음을 기대어
긴 그림자를
수없이 문지르고 있는 것

하지 말라 하고서
답 없는 문자를 수시로 바라보다
기어이 내려앉는
절망으로 절뚝거리는 것

마지막 소원

성한 다리로 태어나지 못한 것도 내 팔자려니 여기며 살았습니더. 엘리베이터 바닥에 온갖 발자국 흔적 핥아내고 그늘진 계단을 기어 다녔습니더. 똥 묻은 변기통이며 휴지통을 빤질빤질 하도록 닦았습니더. 끝물 맞은 생의 보따리 홀쭉해진 것도 모르고 죽어라고 일만 했습니더. 엉겨 붙은 밀대의 숱 많은 머리카락 사정없이 비틀어 짜고 병동마다 속웃음을 밀고 다녔습니더. 난생처음으로 내 한 몸 뉘일 오동나무집 하나 장만하고 부음을 알리는 종소리 울릴 때쯤 비로소 저 밀대도 허리를 꺾어 눕겠지예. 구부러진 세월 살아오는 동안 다만 잘못이 있다면 남몰래 병원 샤워실에 들어가 땀에 저린 몸을 씻은 죄밖에 없습니더. 그러하니 활활 타오르는 불길 속에 들어갈 때 적적하지 않게 저 밀대도 같이 갈 수 있도록 쪼매만 봐 주이소.
부디 나무라지 마시고 너그러이 받아 주이소.

사량도 지리산을 오르며

짙은 운무에 앞을 가늠할 수가 없다
여차하면 발을 헛디뎌 나뒹굴지도 모른다
아찔하게 힐끔거리는 순간
바위틈 옆구리에 뿌리내리고
아슬아슬하게 살아가는 노송을 보았다
거친 풍우에 깎여 온몸에 상처를 입고도
굳건히 서 있는 돌산도 보았다

나는 명치끝 깊숙이
팔뚝만큼 자란 미움을 파내어
지리산 멧부리에 꽂아 두고 내려왔다
이 세상에 저절로 살아지는 것이 얼마나 있으랴
살아내는 것이 비단 나만 그러하랴

살아가는 법

아이구야야, 대충해라
살아낼 일이 구만리인데
마음묵고 시비를 거는데 논바닥 갈아엎듯이
우째 일일이 잘잘못을 가리며 살겠노

살다보면
알아도 모르는 척 해야 할 때가 있으니
쓸개는 흐르는 강물에 찰찰 흔들어 씻어
산그늘 드리운 나무 가지에 걸어둬라

시도 때도 없이 박박 긁아 대면
네가 먼저 손 내밀어 주고
긁힌 자국은 원융한 맘으로 쓱쓱 닦아
저 멀리 던져 버려라

장대비에 고인 진흙탕 물처럼
가만히 놔두면 어느새 가라앉아
저절로 맑아지는 게 세상사 이치이니

똑
또르르
낭창낭창한 토란잎을 타고내리는
빗방울처럼 유연하게 살아가거라

어린 순례자

옴마야, 우짜모 좋노

지펴놓은 모깃불로 모기떼를 후치고
더위 먹은 수박 한 통 입속으로 퍼 넣다가
땡볕에 까맣게 탄 수박씨 몇 알이 우르르
목구멍으로 꼴딱 넘어가더니 꿈속에 나왔네

뱃속에서 꼼지락꼼지락 자라더니
수박넝쿨이 내 배꼽을 뚫고 나와
벽을 타고 올라 창호지마다 구멍을 내고
어린 수박들을 마구 퍼질러놓네

그게 어린 순례자인줄도 모르고
세상 밖으로 자꾸 자꾸 밀어내고 있네

눈물에게

울어라
실컷 울어라

대숲을 흔들어대는 바람도
밤이면 갈 곳을 잃고 서걱거리다
남몰래 눈물을 훔친다

온종일 버틴 한 여름 뙤약볕도
해질녘 늘어진 어깨를 둘 곳 없어
붉은 눈물을 훔쳐낸다

돌 바위도 서서 물소리를 들으며
잃어버린 길을 찾느라
못내 서러워 눈물을 게워낸다

오늘 또 뭇 생명을 걷어 낸 화장터에서
사람들은 눈물 한 바가지 퍼낸다

누군들 눈물샘에 고인 사연 없으랴
울어라, 실컷 울어서 다 퍼내어라
그래야 다시 또 채울 수 있을 것이니

채송화와 쇠비름

채송화 곁 쇠비름
쇠비름 곁 채송화

둘은 너와 나처럼
밭고랑을 기어 다니며 산다

우리 한여름 뙤약볕에서
더 이상 할퀴지 말자

부디 앞서가는 모습 보이지 말고
곁에서 나란히 걷도록 하자

여름 가고 가을이 와서
우리 함께 저물 때까지

2부

대추 한 알

무너질 듯 아슬아슬한 축담너머
옆집 할머니네 텃밭이 보인다

닭 벼슬 오글오글 긁어모아 붉게 핀
맨드라미는 줄지어 울타리를 치고

촘촘한 상추 틈에 까치발을 하고 선
고춧대는 너불거리는 잎 사이로
붉고 푸른 고추를 영글고 있다

키 발을 딛고 고개를 빼꼼 내밀은
감나무도 능갈치게 눈알을 굴려댄다

문짝 없는 뒷간에 앉아 볼일을 볼 때면
대추나무 한 그루 눈 하나 깜짝 않고
또랑또랑한 눈망울로 나를 빤히 쳐다본다

쳐다보지 말라 했제?

우리 집 뒷간을 허락 없이 넘어다 본 죄로
잘 익은 대추 한 알
똑
와작, 와자작!

고모 집 가는 길

어디만큼 왔나?
굴뚝 길을 지났다
고모 집에 다 왔나?
아직아직 멀었다

막걸리 양조장이 있어
고두밥 찌는 냄새가
뱃속을 진동 하던 그 길

어두컴컴한 벽에
착 달라붙어 있던 귀신이
뒤에서 잡아당길 것 같이 오싹해
살얼음판 걷듯 걸어야 하는 그 길

오빠야 먼저 뛰어 가면 안 된다
알았다 단디 붙들기나 해라
어디만큼 왔나?
골목길을 지났다

행군을 하듯 쿵쿵 발맞추어
목청껏 노래 부르며 가야할
무서운 그 길

보리수 이야기

참나무 등걸을 삐죽이 걸터앉은
키 작은 보리수나무가
붉은 사연들을 주렁주렁 매달아 놓았다

구름이 머물다 간 자리 꽃이 피고
별들이 울다 간 자리 새 잎이 나고
햇살이 놀다 간 자리 열매가 열린다

수천수만 번 계곡물 소리 듣다가
보리수나무가 끙,
새 생명을 밀어올리기 시작한다

또 다른 나

옅은 흙 내음이 혀끝을 감아 도는
보이차를 마시며 침묵 속에서 너와 마주한다

물결무늬 편마암처럼 겹겹이 쌓여 있는
지난한 상처들이 딱딱하게 굳어져 있다

넘어지고 또 넘어져 무던히도 아팠을
울퉁불퉁한 시간들이 찻물에 우려져 짙다

이미 그랬을 법한 너 그리고 나
곧 과거가 될 오늘이 천천히 녹는다

딸아 내 딸아

박박 우겼으면 똥 묻은 바지라도 팔아서 공부를 시켰을 낀데 안 한다고 하니 하기 싫어서 그런갑다 여겼지. 일 많은 집안 살림살이 보고 크면서 차마 대학 보내달라는 말을 못하고 마음에도 없는 상고를 갔으니 그 속이 어떻고. 가슴이 휘어지도록 묻어두고 사느라 욕봤다. 어미는 사시사철 죽어라 일만 하다가 뒤늦게 야학에 가서 코끼리 발톱만큼 글자를 배웠다. 아궁이에 불 때다 말고 땅바닥에 부지깽이로 익힌 글로 평생을 우려묵고 살았다. 그래도 너는 고등학교씩이나 시켰으니 어디 가서 못 살겠노 싶었다. 너무 속 끓이지 말고 힘닿는데 까지 살아라. 나는 무섬증도 없이 차를 쌩쌩 몰고 다니는 네가 세상에서 제일 자랑스럽다. 미안하고 고맙다 참말로 미안하고 고맙데이.

1/2,

은륜의 자전거 페달 헛도는 날
삶의 뒤꼍에 엎지르진 부스러기 조각들을
주섬주섬 주워 기억을 끼워 봅니다

짙은 녹색의 광휘를 펑펑 뿜어내며
우르르 속절없이 떠밀린 적도 있었고
질주의 쾌감에 빠져 흠집 난 나를 보지 못하고
경주마처럼 앞만 보고 달렸습니다

아귀 같은 집착으로
행복의 지름길만 찾아 헤매었지요
돌아보면 연습도 없이 살아오느라
실수의 실수를 거듭할 뿐이었습니다

이제 내게 남은 인생의 후반전에는
무엇을 줄이고 보태어야 할 것인가

간절한 바람

바람아 불지마라
저 여린 작약 허리 꺾일라

옴실거리는 햇살 긁어모아
뜨개질 하던 작약의 손목을
기어이 꺾어 놓고 가는 바람

나는 대나무가지를 주워
작약의 허리를 묶어주었다

햇살아, 부디 너는
저 작약이 다 아물 때 까지
떠나지 말고 오래 곁을 지켜주길

묵은지가 되고 싶다

살얼음 어는 응달에
시리도록 묵혀 둔
김치 한 포기 꺼내
찬물에 우려냈더니
군침 돈다
곰삭아야
군침이 돈다는 것을 누가
처음 알아냈을까
나는 얼마나 더
어둠 속에서 견뎌내야
곰삭은 김치처럼
겨울을 이겨 내고
사람들 앞에
당당히 나설 수 있을까

시를 캐는 심마니

만주벌판을 달리는 심장 소리를 따라
서강들판 논둑길 일대를 샅샅이 들춰보리라

백사장 모래알 같은 별들의 심장을 찾아
허기지고 추레해진 나를 두들겨 깨우리라

철광석을 녹인 쇳물 같이
펄펄 끓는 마음으로 시를 노래하리라

나의 지느러미

낡은 두레박 한 바가지는
세상과 소통하는 마중물이 되고
허투루 버리지 않은 천 쪼가리는
얼어붙은 세상을 덮어주는 이불이 되듯

외로울 때 꺼내 쓰던 원고지는
시름한 삶을 헤엄쳐가는 고래가 되어주고
퍽퍽한 삶을 풀어가는 강물이 되기도 했지

이제 나의 겨드랑이엔 무엇이 남아 있나
내 지느러미에 붙은 작고 소중한 것들과 함께
남은 인생도 힘껏 헤쳐가야겠다
그리하여 투명한 바다로 흘러들고 싶다

가을에 쓰는 편지

늦여름 길목에서 오수를 즐기던 바람이
넌지시 가을을 불러들일 때면
저수지에 떨어진 마른 버드나무 잎들이
심심하던 달빛과 울력하여 노를 젓고
나는 그대 눈 속에 머물고 싶어
물길 따라 꽥꽥거리던 철새 소리를 퍼내어
금목서가 품어내는 만리향을 담아 편지를 쓴다

반딧불이 세상

세상을 모른다

태양은
산 너머 고봉이 된 어매 무덤을
빗질하며 쓰다듬다가

파도에 시달려 시름을 앓고 있는
산호의 뼈마디를 어루만지다가

구석진 바위 틈 사이 이끼의 흥건한
눈물을 닦아주는 태양의 마음을

패인 볼우물만큼의 어둠이 전부인 줄
알고 있는 반딧불이는 절대로 모른다

나는 반딧불이
세상을 모른다

마음이란 것

산사에 놓아둔 너는
온전히 비워진 듯 고요하다가도
자꾸만 그리움을 지어내고
외로움에 서성거린다
그런 너를 어찌해야 할까
개나 줘버릴까
다시는 일렁거리지 않게
파도에나 던져버릴까

서투른 길

나도 이 생이 처음이라
찌그러진 양은냄비 같은 마음으로
입맛대로 밑간을 하고
내 잣대로 당신을 끼워 맞추려 했지요

당신도 이 생이 처음이라
빳빳한 자존심을 내세운 큰소리가
불같은 화를 불렀을 테지요

나는 밤새 익모초 잎 같은 쓴 소리
서걱거리며 솜털만큼씩 미움을 싹 틔웠고
드릴로 나사못을 박듯이 당신을 후벼 팠지요

가을비 자박하게 내리는 저녁
미진했던 내 마음 뭉팅 잘라 체에 밭쳐
찰찰 쳐내고 조물 거려 소담한 밥상을 내니

입 꼬리를 올린 당신의 미소가
솔체꽃처럼 반짝입니다

산다는 건

한 뼘씩 밀어재끼는 대나무 등살에 못 이겨
자꾸만 앞으로 쏟아지던 뽕나무가 햇살이 내어준
가느린 젖줄에 힘입어 기어이 까만 오디알갱이를
영글어내는 걸 보고 이상화의 시 '빼앗긴 들에도
봄은 오는가'가 떠올랐다 산다는 건 견디는 것이다.

묵언수행

아무도 돌보아 주지 않고
아무도 지켜봐 주지 않아도

외진 숲속의 산딸나무는
뻐꾸기 소리에 공허를 채우고
솔 귀뚜라미 소리에 침묵한다

층을 이룬 하얀 꽃받침을 띄워
실한 알맹이를 둥둥 업고서
바람 따라 굴신을 한다

뿌릴까 말까

쿵쿵, 코언저리가 실룩대며 모여든다

수억 개의 멀 구슬을 따서
수천만 송이 장미꽃을 엮어
수백만 송이 라일락이 이지러져
만들어진 수많은 호리병들이
낯선 광고 문구를 달고 진열대에 올랐다

맨살 냄새가 제일 좋은데
뚜껑을 따 코밑으로 내밀며
자꾸만 나를 유혹한다

겨울 풍경

뻐꾸기가 살고 있는 괘종시계
쩍쩍 소리를 내며 살찌우는 겨울 강
생 무를 누가 더 큰소리로 베어 무는지
내기를 하고 있는 아이들
창 밖에서 쩌렁쩌렁 울리던
찹쌀떡, 메밀묵 사려

부뚜막에 올라 선 운동화들
솥뚜껑에 몸을 지지던 양말들
아궁이 곁에서 언 몸 녹이는 누렁개

옴마야, 밤새 쥐가 갉아 묵었나?
양말이 빵구가 나삣다
운동화는 와 누렇게 탔삣노

억만금을 주고도 살 수 없는 것들

가시에게

보라,

바람의 헛기침에도 덜컹거리며
무리지은 노란 눈망울의 떨림을

바람에 멍든 꽃잎들 지걱거리며
지들끼리 밤새 비비며 문질러주는 소리를

부디
찌르거나
후벼파지 마라

아무도 다치게 하지 말고
너도 다치지 마라

성장통

오래 기댔던 지지대를 걷어내고
매몰차게 잔가지를 쳐냈더니
두어 해 동안이나 해거리를 한 매실나무

말간 눈물을 뚝뚝 흘리며 앓더니
드디어 저 혼자만의 힘으로
튼실한 매실을 조롱조롱 매달고 섰다

아픔을 견디느라 애썼다
혼자서 이겨내느라 애썼다

고맙다
고맙다

3부

팽이

아이구, 아지매예 내 좀 살리 주이소.

어머니의 회초리 한 대에
살려 달라 고래고래 나발을 불어대는 오빠는
뱅글뱅글 돌아가는 팽이처럼 마당을 뱅뱅 돈다

오빠의 종달음질에 어머니의 엇나가는 매질은
삭은 고무바퀴처럼 힘이 빠지고 만다
저런 문디 자슥

울밑에 줄줄이 입을 틀어막고 서있던
동네 아이들이 손을 툭툭 털고 일어나자
오빠는 따라나서고 싶어 엉디를 들썩거린다

빨간불

가파른 언덕길에서 갑자기 차가 멈추듯
갱엿을 깨물다 느닷없이 어금니가 쑥 빠지듯
태풍 속 변산반도에 갑자기 밀물이 들어
해수면이 목구멍까지 차오르듯

살다보면 생각지 못한 변수에 잠겨
숨 쉴 수 없을 때가 찾아오지

그럴 땐 스스로의 거미줄에 칭칭 감기지 말고
매운 생강을 통째로 씹은 듯 덜컥 서야한다

봄의 왈츠

머리를 질끈 묶고
세상구경 하느라 달래 눈망울이
요란을 떨며 어지럽다

소쿠리 한 가득 앉아 재잘대는
산초 잎은 알싸한 향 톡 쏘아내며
콧구멍을 벌름거리게 한다

땅딸막한 다리를 꺾은
살 오른 두릅이 휘파람을 불며
제법 몸값을 높이 쳐 부를 때

뒤질세라
목수건을 두른 엄나무순도 한 몫 한다

총 출동한 봄이
복작거리며 저마다의 바구니 속으로
후다닥 스르륵 들어간다

하루가 저물어가자 명이나물이 소리친다
"떨이 하이소 떨이"

보고 싶다

바람을 타고 청보리가 일렁이고
청 벚꽃이 낮은 양철지붕을 뒤덮을 때도

천둥번개가 밤하늘을 가르고
외로운 빗방울이 여름의 이마를 쪼아댈 때도

붉은 심연에 빠진 석류 알이
쪽빛 하늘에 꽂혀 온통 가을을 술렁일 때도

겨울 산이 울면서 눈길을 주고
고독한 고드름이 길게 자라날 때도

여름 채집

쏟아지는 빗줄기 따라
얼떨결에 장화 속에 뛰어든 청개구리
저도 놀라 하늘로 치솟아 오르고
나도 놀라 물웅덩이에 엉덩방아를 찧고 말았네

앞마당에 모여 수다를 떨던 수레국화는
멍석에 둘러 앉아 먹는 찐 감자 내음에
자꾸만 곁눈질하며 군침을 흘렸네

한 평 남짓 그늘을 아이들에게 내어준
느티나무는 마른 먼지 풀풀 날리는
고무줄놀이에 적적함을 달랬네

해질녘 못다 논 친구들이 보고파
돌멩이로 담벼락에 얼굴을 새겨 넣고
집으로 돌아가는 발걸음이 달랑거렸네

아버지가 마당에 모깃불 피워 올리면

우리들은 청마루에 누워 별을 보고
어머니는 이야기보따리를 풀어헤쳤네

가을의 안단테

끈덕지던 여름을 접고 가을을 구겨
서리가 내린다는 상강이다
마지막 노지 깻잎을 따고 미나리 몇 단을 보태어
새벽 장에 내다 팔고 오신 어머니

다 늙은 할마이가
어디 가서 단돈 몇 천원을 벌어 오겠노
소일거리로 호작질 삼아 하는 거지

밭일 그만하라는 소리를 들을까 봐
주저리주저리 변명거리를 내 놓으신다
짜박한 된장찌개에 열무를 넣고 비벼
소박한 밥상을 겨우 넘기신 어머니
완전무장을 해제한 사병처럼 금세 곯아떨어진다

다알리아 꽃길을 걸으며

태양을 숭배하는 꽃들에는
저마다의 전설이 담겨있다

다알리아의 전설은 미라 이야기,
한 송이의 꽃을 든 미라가
세상 밖으로 얼굴을 내미는 순간
그 꽃이 산산조각이 되어
다알리아의 꽃씨로 변했다는 것

내가 꽃이라면
나는 어떤 꽃말과 전설을 간직할까

푹 끓여 낸 숭늉 한 그릇이
한겨울 얼어붙은 몸을 데우듯이

나는 어느 화단에서
어떤 이름표를 달고 피어
사람들의 마음을 데울 것인가

시간을 거슬러

구부러진 몸통에 얇게 펴 바른 늙은 거죽은
손만 대면 찢어질 것 같은 닥종이 같다
"살살해라 아프다."
늘어진 거죽을 조심스레 들어 올려 거품수건으로
쓱쓱 문지르면
어머니는 어느새 아이가 되어 엄살을 부린다
바람 빠진 풍선처럼 풀썩 주저앉을 날이
얼마 남지 않았음을 나는 알고 있다
꺼진 풍선에 바람 넣듯 어머니께 다시 빵빵하게
생기를 넣을 수 있다면 그렇게 되돌릴 수만 있다면
저승길에 핀 가시밭을 걷어내고
에루화 에루화 어머니를 업고 돌아 나올 것인데
어절씨구 산길 따라 물길 따라 꽃잎 띄울 것인데

유월이 오면

긴 꽃대 잎겨드랑이에 붉게 핀 접시꽃
논둑길에 납작 엎드려 기어 다니는 토끼풀
바람이 조금만 불어도 사각거리는 보리까락
푸드덕 거리는 꿩 날개 짓
유리알 같이 투명한 송사리 떼
빼곡히 영근 새빨간 자두
풀피리를 불던 소년과
그 소년을 멀리서 훔쳐보는 소녀
유월은 나를 옛날로 마구마구 쳐들어가게 한다

인생의 숲길에서

지름길을 두고 둘러서 가야할 때
느닷없이 떨어진 밤송이에 찔려 오래 아플 때
폭설에 부러진 소나무가지처럼 이별이 당도했을 때

비로소
삶의 행간에 오래 숨겨진 물기를 들춰
한 겹 한 겹 말리며 여린 흔적을 발견한다

그동안 사느라 애썼다

배우고 있습니다

허락된 시간을
마중 나가야 할 때와

몫을 다한 시간을
배웅해야 할 때를

아카시아 이파리가 새순을 틔우듯
온몸으로 익히며

내 몸에서 한 잎 두 잎
떨어져 나가는 시간을 보며

나는 온전히 배우고 있습니다

낙화

나비가 꽃을 찾아왔는데
벌이 꿀을 찾아 날아들었는데
뿌리도 없고
열매도 없어
차갑게 식어버린 저 심장은
누구의 심장인가

그럴 수만 있다면

나와 마주친 눈빛마다
새로운 생명의 싹을 틔우고

나와 함께 한 공간마다
기억의 스위치가 켜져
웃음꽃이 피어나며

나와 걸었던 길마다
햇살무리가 온정을 발아시켜
눈부시게 펼쳐질 수 있다면

나는 날이면 날마다
천 개의 손, 만 개의 손이 되어
지치지 않는 손길로 마음 밭 일구리라

길을 찾아서

날마다 징검다리에 앉아
강물에 비친 껍데기를 보았다

눈 안의 티끌을 하나하나 걷어내고
마음의 허물을 차곡차곡 벗겨낼 때까지

나는 흐르는 강물에 발을 담근 채
온종일 곱사등을 하고 있었다

내 안에 겹겹이 쌓인 페로소나를 벗고
뻗어져 나오는 물살에 떠밀려서라도
나는 새로운 우주에 가 닿고 싶다

꽃씨 하나

너를 내 마음에 담아서
너를 내 외로움에 담아서
너를 내 눈물에 담아서
미안하다

너의 곁에 오래 맴돌아서
너의 곁에 오래 머물러서
너의 곁에 오래 출렁여서
미안하다

진 빚이 많아 뒤척이는 밤
꽃씨 하나 또르르 굴러와
괜찮아, 괜찮아

빈 손

땅은
나무가 자라고
꽃이 피고 지고
열매가 영글고 떨어져도
그저 자리를 내어 줄 뿐 말이 없다

하늘은
바람이 지나가고
구름이 머물고
햇살이 하루의 비율만큼만 비춰도
그저 자리를 내어 줄 뿐 붙잡지 않는다

나는
하늘을 넘나드는 새들과
땅을 거니는 뭇 짐승들과
개미처럼 부지런한 사람들과 어울려
살다 때가 되면 비켜 줄 뿐이다

깃발이 되어

저녁하늘을 통째 삼키는 석양처럼
어두운 밤 뱃길을 밝히는 등대처럼
바다의 물낯에 찬란히 박힌 별빛처럼
모든 경계를 허물어 넘나드는 바람처럼
내 이름자 당당히 새기고
숨이 차도록 펄럭이고 싶다

퀘렌시아

살다가 짊어지기 버거운 아픔이 있거들랑
소금 흥건히 뿌려진 바닷물에 부려 재워두자
아기 혹등고래가 바다를 가르고 가거든
잠시 따라가 거센 파도도 넘어가 보자
물어도 뜯기지 않는
찢어도 찢기지 않는
저 바다 위에 둥둥 떠 잠시 눈을 부치고 오자

별을 담다

땅벌 같이 온종일 쏘아대는 햇살이
산 그림자 길게 드리워 마을을 덮고

뒷짐 지고 마당가에 선 팥배나무며
온 산을 뒤흔드는 꿩의 울음소리가
달님을 애타게 찾는 밤

별똥별 하나 책상 위에 툭 떨어져
소원을 말해 보라기에 누가 들을세라
이불속에서 간절히 두 손 모으던 밤

별 하나에 너를 담고
별 둘에 나를 담는
내 행복한 유년의 밤

밤송이

녹색가시 투구를 덮어 쓰고
밤이슬에 속껍질을 적시며
수리부엉이의 자장가를 오래오래 들어야
마침내 붉은 알 꽉꽉 채운 밤이 된다
너도 그렇고
나도 그렇다

4부

당신과 나

곧 태풍이 몰아칠 텐데
배롱나무에 꽃망울이 조롱조롱 맺혀

거센 빗방울에 수없이
흔들리며 가까스로 매달려 있네요

햇살 알갱이로 엉킨 비바람을
털어내고 나면 곧 몽글몽글 꽃을 피우겠지요

살아가는 일도 정신없이
휘몰아치는 삶의 모서리를 견디다 보면

서로를 붙들어주는 대나무처럼
단단한 마디가 되어 있을 테지요

태풍 속에 꽃망울을 피우는 배롱나무처럼
우리도 역경 속에서 더 깊이 뿌리 내릴 테지요

까치와 이

"까치야 까치야 헌 이 줄게 새 이 다오."
까치가 지붕 위에 던져진 내 이를 잊고 그냥
지나칠까봐
아이들과 고무줄 뛰는 왁자지껄한 소리에 놀라서
오지 않을까봐
양은 세숫대야에 쾅쾅 부딪히는 수돗물 소리에
달아날까봐

옴짝달싹도 못하고 청 마루 끝에 간당거리며
까치가 오기를 해가 질 때까지 기다리다 지쳐
잠든 사이

살며시 새 이를 고르게 앉혀 주고 간 고마운
까치 그 까치는
지금 어느 아이의 이를 물어 나르고 있을까

내 어머니

소란스러운 세상에서 벗어나
하늘빛으로 수놓은 듯 군락을 이룬
개불알꽃을 보았습니다

무릎을 꿇고 낮은 자세로 눈을 맞추며
한참을 바라보다가 어머니 얼굴을 떠올렸습니다

언제쯤이면 어머니를 모시고
그 흔한 꽃구경 한 번 갈 수 있을까요

천 날 만 날 눈만 뜨면 밭을 기어 다니는
어머니는 개불알꽃을 꼭 빼닮았습니다

아버지를 여의고 홀로 남겨져
종잇장처럼 가벼워진 내 어머니

어머니
등이 가려운 산야는 지금

낮은 꽃바람을 타고 춤을 춥니다

그 봄바람 어머니의 깻잎 밭에도 도착했을 테지요
어머니도 잠시 밭둑에 앉아
봄바람에 몸을 맡기고 가만히 귀 기울여 보세요

개불알꽃보다 환하던 젊은 날의 어머니가
보고 싶은 오늘입니다

강변에서

흐느적거리는 한쪽 팔을 접고
절룩거리며 걸어가는 그녀를 본다
앞질러 가기가 차마 미안해
행보의 속도를 줄인다

우유 하나 드셔보이소
공짜로 드립니더 맛 좀 보고 가이소
작은 파라솔에 고개 내민 낯선 시선을
차마 떼어낼 수 없어 고개를 삐뚜름히 돌리고
종종걸음을 친다

지팡이에 온몸을 기대고 지루함을
달래줄 길섶 고양이집 앞을 지키고 선
어르신의 시선을 차마 가를 수 없어
팽창된 숨소리를 한껏 낮추고
도둑걸음을 걷는다

이별 주의보

오래된 숲 속을 지나 겨울이 서둘러 왔다
눈은 부드러운 발걸음도
거칠게 달린 발자국도
마음종이에 천천히 문질러 탁본한다

어느새 달력 맨 끝자락에 댕강거리는 12월
보내야 하는 아쉬움이 커서인가
점점 눈이 굵어진다
수런대던 한 해가 숫눈 위에 느적느적 눕는다

그 손

살구나무는 여전히 봄을 피웠는데
나는 마음 끈 풀어 늘어놓을 때가 없어
소금도 없이 먹는 삶은 계란처럼
하루를 슴슴하게 보내고 있다
그러다보니
봄바람이 등줄기를 훑어 줄 때도
어린 시절 내 체기를 쓸어내리던
아버지의 손길인 것만 같아
왈칵
그리움이 쏟아진다

지독한 사랑

오늘도
내 마음 밭에 돋아난 너를
바구니 가득 들어내었다
매일매일 솎아내어도
자꾸만 들어차는 너

마음 비우기

미끈거림 없이 뽀득하게 그릇을 헹구어내듯
기름진 감정의 때는 사정없이 문질러 씻어내기

눅눅한 이불을 옥상에 널어 바짝 말리 듯
마음속 우울한 진드기는 매몰차게 털어내기

살다 보면 예상치 못한 변수들이 생기겠지만
너무 오래 그늘에 머물지 말고 제때 흘려보내기

거실 한 복판 나무기둥에
엄지손가락으로 단단히 압정을 눌러 박는다

다시 개벽

꺾어진 손가락을
바루어 쓴 글 쪼가리로도
어둔 세상 깨울 수 있다
시여, 어서 일어나라
사라진 별이 몇이나 되는지
밤새 헤아려보자

나에게

뱃길을 내어 준 파도는
오래 아파하지 않고

제트기에 베인 하늘은
오래 울지 않는다

속에 들어앉은 상처를
너무 오래 삭이지 마라

어둠 속에 박힌 별들이
가장 오래 빛나듯

상처를 딛고 일어선 네가
더 빛나는 생을 일구게 된다

깨진 마음을 다시 붙여
바람결에 날려보자

어제보다 나은 오늘
오늘보다 나은 내일을 위하여

천 개의 공

나는 탁구공을 받아치기까지
기본동작을 수도 없이 반복했다
공이 어느 방향으로 날아올지 집중하고
손목에 힘을 뺀 채로 받아치기까지
천 개의 공, 만 개의 공이 필요했다
너도 그렇고 나도 그렇고 인생도 그렇다
천 개의 공을 날리지 않고는 하나가 될 수 없다

나도 봄

전기 머리 인두로 매만진 듯
지짐 머리를 하고 샛노란 꽃물 들여
허리까지 늘어뜨린 개나리꽃

신록으로 물들기도 전에 가녀린
가지 끝 측아를 밀고와 분홍 입술을
내밀고 꽃무리를 이룬 진달래꽃

튀겨진 좁쌀처럼 줄기 따라
하얀 꽃망울이 올망졸망 모여 앉아
산야의 능선을 긋는 조팝나무

찬바람이 채 가시기도 전
버선발로 서둘러 단장한 목련도
꽃등을 밝히며 짙은 향기를 선포한다

긴 기다림 끝에 봄이 냉큼 왔다
나도 봄이다

평화의 시작

문제는 마음이다
마음을 행주처럼 바락바락 치대어
가스 불에 올려 푹푹 삶아낸 뒤
옥상 빨랫줄에 매달아 바싹 말려야만
비로소 평화는 시작된다

얼음새꽃

너 하나 피기까지
그냥
피어난 게 아니라
소멸로 완성한
아픈
흔적이다

그랬으면

너의 품속으로 와락 안기는
저 바람이

너의 눈망울에 와락 달려드는
저 봄꽃이

너의 마음속으로 와락 스며드는
저 달빛이

나였으면
그냥 나였으면

가을마중

바람이 걷어낸
구멍 난 비늘구름사이로
탱글탱글하게 쏟아지는 햇살을
머리에 이고서
탱글탱글하게 부풀어 오른 마음을
앞장 세워
당신을 만나러갑니다.

불귀의 매

밤새 속살거리던 그리움의 풍경이
새벽이슬에 담겨 풀잎마다 간당거리고

적막의 강을 깨우는 물총새 소리를 등에 업고
찰랑거리는 물낯을 걷어 부어오른 얼굴을 씻는다

오래 뒹굴어 축축해진 둥지를 털어내고
솜 깃털에 공기를 채워 체온을 데운다

바람의 흐름에 온 몸을 맡겨야 할 순간이 오면
매는 날렵하게 허공을 차고 날아오른다

돌아오지 못한다는 것을 저도 아는 것일까
창공을 날아오르다 빙그르르 제 둥지를 돌아본다

친구

전해지지 못한 손 편지가
꽃 무덤을 이루었던 첫사랑도

한겨울 배고픈 고라니처럼
살아냈던 가난도

무너진 관계가 바랑 속에 아프게
구겨져 있던 비밀도

버들강아지 꼬리 흔들며 나오듯
빈 콩깍지 자투리까지 술술 흘러나온다

매미소리에 마른 입술 적셔가며
말을 이어가다가

대숲에서 불어오는 바람에
눈물을 말리며 이어나갈 때도

꺼낸 이야기가 결코 부끄럽지 않고
서로의 가슴에 풀 향기처럼 번져
아주 나중까지 남아있는 우리는

빈 방 없습니다

드르르륵 딱딱
드르르륵 딱딱

오동나무를 찾아와
막무가내로
세를 들겠다는 딱따구리

순식간에 쪼인 오동나무는
단호하게 손사래를 치며
푯말을 내건다

'빈 방 없습니다.'

여주의 사랑

금 나와라 뚝딱
은 나와라 뚝딱

주렁주렁 열린 여주 덩굴 아래 앉아
없는 도깨비방망이 타령을 해대니

듣고 있던 초록 여주도 속이 타는지
점점 노랗게 변해가는 게 아닌가

수리수리 마하수리
수리수리 마하수리

더 간절하게 외치니 주황색으로
더 크게 소리 지르니 이젠 얼굴 가득
빨간 돌기가 돋아 수세미만큼 커지는 게 아닌가

세상에 어찌 이런 일이 다 있노
도깨비방망이가 진짜로 나타났네.

"너의 소원이 무엇인고?"
" 한 명도 빠짐없이 친구들 불러
　원 없이 달고나 뽑기도 하고
　왕 구슬도 한 주먹씩 나눠 갖고 싶습니더"

"착하구로, 내 오늘 니 소원 들어줄끼다"
"참말입니꺼? 진짜지예, 억수로 고맙습니더"

■ □ 시집해설

상처의 심연에서 탄생한 절제미 넘치는 시

오봉옥 (시인, 서울디지털대학교 교수)

1.

글을 쓰는 사람들은 대체로 순박하고 여리고 예민하다. 자기 이익을 챙기는 데 익숙하지 않아서 순박하며, 측은지심이 있어 시선을 늘 그늘에 두고 살아서 여리다 할 수 있다. 또한, 대상 하나하나를 깊이 파고들어 그 속마음까지 들여다볼 수 있으니 예민한 촉수를 가졌다고 할 수 있다. 그런데 김영혜 시인은 그중에서도 유독 순박하고 여리고 예민한 촉수를 지닌 사람이다. 세상 물정을 잘 모를 정도로 순박하고, 너무 여려서 작은 일에도 상처를 잘 받으며, 예민한 촉수를 지녀 지극히 평범한 일상에서도 남들이 쉽게 보지 못하는 무늬를 찾아내 읽어내곤 한다.

그와 나는 대학에서 스승과 제자 사이로 만났다. 그는 집안 형편상 상업고등학교를 졸업하고 야간 대학을 다닌 후, 글을 쓰기 위해 다시 사이버대학 문예창작과에 진학한 늦깎이 학생이었다. 여덟 번의 유산 끝에 연년생 두 아이를 키우느라 힘겹게 살아온 김 시인은 처음 본 순간부터 눈에 띄었다. 상처가 많은 사람들에게서 느껴지는 독특한 내음을 풍기고 있었고, 그의 말 한마디 한마디는 예사롭지 않았다.

그의 첫 시집 『꽃바람 부는 산』이 눈물의 승화를 보여준 시집이라면, 이번에 출간하는 두 번째 시집 『자연을 꿔다가 시를 빚는다』는 '상처의 심연에서 탄생한 절제미 넘치는 시집'이라고 할 수 있다. 그의 절제된 상처를 어루만지다 보면 마음이 아팠고, 원고를 읽다 말고 한동안 천장을 바라봐야만 했다. 그럼에도 불구하고 흐뭇한 것은, 첫 시집에 비해 한층 더 완숙해졌다는 점이다. 전체적으로 볼 때 군더더기는 없어졌고, 울림은 커졌다.

2.

이번 시집에서 눈에 띄는 점은 능수능란하게 모어母語를 부리는 데 있다. 그가 쓰는 구어는 시적 주체와 맞물려 생동감을 자아낸다.

성한 다리로 태어나지 못한 것도 내 팔자려니 여기며

살았습니더. 엘리베이터 바닥에 온갖 발자국 흔적 핥아 내고 그늘진 계단을 기어 다녔습니더. 똥 묻은 변기통이며 휴지통을 빤질빤질 하도록 닦았습니더. 끝물 맞은 생의 보따리 홀쭉해진 것도 모르고 죽어라고 일만 했습니더. 엉겨 붙은 밀대의 숱 많은 머리카락 사정없이 비틀어 짜고 병동마다 속웃음을 밀고 다녔습니더. 난생 처음으로 내 한 몸 뉘일 오동나무집 하나 장만하고 부음을 알리는 종소리 울릴 때쯤 비로소 저 밀대도 허리를 꺾어 눕겠지예. 구부러진 세월 살아오는 동안 다만 잘못이 있다면 남몰래 병원 샤워실에 들어가 땀에 저린 몸을 씻은 죄밖에 없습니더. 그러하니 활활 타오르는 불길 속에 들어갈 때 적적하지 않게 저 밀대도 같이 갈 수 있도록 쪼매만 봐 주이소.
 부디 나무라지 마시고 너그러이 받아 주이소.

_「마지막 소원」 전문

박박 우겼으면 똥 묻은 바지라도 팔아서 공부를 시켰을 낀데 안 한다고 하니 하기 싫어서 그런갑다 여겼지. 일 많은 집안 살림살이 보고 커면서 차마 대학 보내달라는 말을 못하고 마음에도 없는 상고를 갔으니 그 속이 어떨고. 가슴이 휘어지도록 묻어 두고 사느라 욕봤다. 어미는 사시사철 죽어라 일만 하다가 뒤늦게 야학에 가서 코끼리 발톱만큼 글자를 배웠다. 아궁이에 불 때다 말고 땅바닥에 부지깽이로 익힌 글로 평생을 우려묵고 살

앉다. 그래도 너는 고등학교씩이나 시켰으니 어디 가서 못 살겠노 싶었다. 너무 속 끓이지 말고 힘닿는데 까지 살아라. 나는 무섬증도 없이 차를 쌩쌩 몰고 다니는 네가 세상에서 제일 자랑스럽다. 미안하고 고맙다 참말로 미안하고 고맙데이.

_「딸아 내 딸아」 전문

〈마지막 소원〉의 시적 화자는 병원에서 일하는 청소부이다. 이 시는 힘들고 고통스러운 삶을 살아온 주인공의 내면세계를 잘 드러내고 있다. 구어체로 이루어진 이 시의 언어는 매우 직설적이고 현실적이며, 주인공의 처지와 감정을 효과적으로 전달하는 역할을 한다. 청소부의 마지막 소원이 가슴을 저미게 한다. 자신이 살아온 세월 동안 잘못한 게 있다면 '남몰래 병원 샤워실에 들어가 땀에 저린 몸을 씻은 죄밖에' 없다는 말과 자신이 죽어 '활활 타오르는 불길 속에 들어갈 때 적적하지 않게 저 밀대도 같이 갈 수 있도록' 해달라는 말이 가슴을 친다. 시 전체에 걸쳐 느껴지는 감정은 절망과 체념, 그리고 약간의 안도감이다. 주인공은 자신의 삶을 돌아보며 고통을 인정하면서도, 마지막 소원에 대한 간절함을 표현하고 있다. '엘리베이터 바닥', '변기통', '밀대' 등의 이미지는 주인공의 비참한 삶을 상징한다. 특히 '밀대'는 주인공의 삶의 고단함을 상징하며, 마지막에 밀대와 함께하고자 하는 소원은 주인공의 삶과 일체

된 도구로서의 밀대의 중요성을 강조한다. 그런 점에서 자신이 화장을 할 때 '밀대'를 함께 넣어달라는 호소는 읽는 이의 가슴을 먹먹하게 만드는 요인으로 작용한다.

〈딸아 내 딸아〉는 시인의 경험을 토로한 작품이다. 이 시의 화자는 시인의 어머니이다. 이 시는 부모의 애정과 미안함, 그리고 자랑스러움을 감동적으로 담아내고 있다. 시인은 부모와 자식 간의 관계를 진솔하게 그려내며, 가슴 뭉클한 감정을 자아낸다. 언어는 솔직하고 담담하여 독자에게 깊은 울림을 안겨준다. 시인은 가정 형편상 일반계 고등학교를 진학하지 못하고 상고를 진학하면서도 부모에게 원망 한번 하지 않은 모양이다. 어머니는 딸에게 '박박 우겼으면 똥 묻은 바지라도 팔아서 공부를 시켰을 낀데 안 한다고 하니 하기 싫어서 그런갑다 여겼지'하고 말하며 미안해한다. 시 전체에 걸쳐 느껴지는 감정은 사랑과 미안함, 그리고 자랑스러움이다. 부모는 자식을 위해 희생한 자신의 삶을 돌아보며 자식에게 미안한 마음을 전하면서도, 자식이 잘 성장해준 것에 대한 자부심을 표현하고 있다. 이 시에서 가슴을 치는 대목은 '너무 속 끓이지 말고 힘닿는데 까지 살아라. 나는 무섬증도 없이 차를 쌩쌩 몰고 다니는 네가 세상에서 제일 자랑스럽다.'고 말한 부분이다. 나이 든 자식은 그 어떤 상처를 입고 친정으로 돌아와 어머니의 위로를 받는다. '야학에 가서' 뒤늦게 글자를 배웠다는 어머니의 격려와 위로가 가슴을 저미게 한다. 이 시는 부모와 자식 간의 깊은 애정을 담고 있어 감동적이다. 부모의 희생과 자식에 대한 사랑, 그리고 자식을 자랑스러워하는 마음이 진솔하게 담겨 있어 읽는 이의 마음을 울리고 있다.

 이 시집엔 상처의 심연에서 품어져 나온 절제미 넘치는 시들이 많다.

>미끈거림 없이 뽀득하게 그릇을 헹구어내듯
>기름진 감정의 때는 사정없이 문질러 씻어내기
>
>눅눅한 이불을 옥상에 널어 바짝 말리 듯
>마음속 우울한 진드기는 매몰차게 털어내기
>
>살다 보면 예상치 못한 변수들이 생기겠지만
>너무 오래 그늘에 머물지 말고 제때 흘러보내기
>
>거실 한 복판 나무기둥에
>엄지손가락으로 단단히 압정을 눌러 박는다
>
>_「마음 비우기」 전문

 이 시는 마음의 정화를 주제로 하고 있으며, 일상의 소소한 행위들을 통해 감정의 정리를 비유적으로 표현하고 있다. 시인은 단순하면서도 강력한 이미지와 행동을 통해 마음을 비우는 과정을 구체적으로 그리고 있다. 언어는 간결하고 직설적이며, 독자에게 명확한 메시지를 전달한다. 시인은 일상적인 행동들을 통해 감정의 때를 벗겨내고, 우울한 마음을 털어내며, 예상치 못한 변수들을 흘려보내는 과정을 묘사하고 있다. 이 시는 상처의 구체를 보여주지 않는다. 하지만 자신의 다짐을 쓴 종이를 '나무기둥'에 붙이는 방식으로 은연중 상처를 드러내는데, 그 다짐 하나하나를 음미해보면 그 상처가 얼마나 크고 깊은 지 느끼게 된다. 얼마나 상처가 깊었으면 '기름진 감정의 때는 사정없이 문질러 씻어내기, 마음속 우울한 진드기는 매몰차게 털어내기, 너무 오래 그늘에 머물지 말고 제때 흘려보내기'를 써놓았을 것인가. 시적 화자는 지금 마음속에 가득한 '감정의 때'와 '우울한 진드기' 때문에 고통스러워하고 있고, 그런 차원에서 스스로 '너무 오래 그늘에 머물지 말고 제때 흘려보내자'고 다짐을 하고 있는 것이다. 이 시는 마음의 정화와 비움을 주제로 하여 읽는 이에게 강한 인상을 안겨주고 있다. 시인은 일상적인 행동을 비유적으로 사용하여 감정의 정리를 구체적으로 묘사하고 있으며, 이는 읽는 이가 쉽게 공감할 수 있도록 만드는 역할을 한다.

곧 태풍이 몰아칠 텐데
배롱나무에 꽃망울이 조롱조롱 맺혀

거센 빗방울에 수없이

흔들리며 가까스로 매달려 있네요

햇살 알갱이로 엉킨 비바람을
털어내고 나면 곧 몽글몽글 꽃을 피우겠지요

살아가는 일도 정신없이
휘몰아치는 삶의 모서리를 견디다 보면

서로를 붙들어주는 대나무처럼
단단한 마디가 되어 있을 테지요

태풍 속에 꽃망울을 피우는 배롱나무처럼
우리도 역경 속에서 더 깊이 뿌리 내릴 테지요

_「당신과 나」 전문

  이 시 역시 '상처'를 절제된 감정으로 보여주고 있다. 이 시는 자연 속에서 발견되는 이미지들을 통해 삶의 역경과 이를 극복하는 과정, 그리고 사랑과 연대의 중요성을 표현하고 있다. 시인은 배롱나무의 꽃망울과 태풍, 대나무의 마디 등을 통해 인생의 시련과 이를 이겨내는 힘을 비유적으로 그려내고 있다. 이 시에서 '배롱나무의 꽃망울', '태풍', '대나무의 마디' 등의 이미지는 삶의 역경과 이를 이겨내는 과정을 상징한다. 특히 '태풍 속에 꽃망울을 피우는 배롱나무'와 '서로를 붙들어주는 대나무'는 사랑과 연대의 힘을 상징적으로 표현한다. 이 시는 표면적으로 '당신'을 향한 시적 화자의 호소로 이루어져 있지만 내면적으로는 자신을 향한 위로와 다짐으로 느껴지게 만든다는 점에서 마음을 움직인다. '휘몰아치는 삶의 모서리를 견디고자'하는 마음, 그리하여 언젠가는 '서로를 붙들어주는 대나무처럼 단단한 마디'가 되어 있을 거라는 믿음을 갖고자하는 간절함이 이 시의 내면을 지배하고 있다.

 이 시집은 상처를 절제된 감정으로 드러내는 것 이외에도 삶의 일상들을 완숙한 솜씨로 그려내고 있어 눈길을 사로잡는다.

> 고라니가 왔다간 모양이다
> 불어대는 샛바람에 얼어붙은 빈집은
> 잠긴 열쇠 통을 움켜쥐고 지루함을 달랬을 터인데
> 산 속에서 내려온 고라니는
> 내가 잠시 비워둔 빈집이 잘 있는지
> 한 바퀴 휙 둘러보고
> 두어 평짜리 텃밭에 콩알만 한 똥을 누고 갔다
> 바스락대는 내 마음을 모락모락 데워주고 갔다
> 나는 또 빚을 졌다
>
> _「빚을 진 날」 전문

이 시는 고라니가 방문한 빈집을 통해 고요하고 고독한 순간을 묘사하고 있다. 시인은 자연과 인간의 소소한 상호작용을 통해 따뜻한 감정과 감사의 마음을 전한다. 얼마나 고독했으면 '고라니의 방문'에서 '따뜻함'을 느꼈을 것인가. 시적 화자는 지금 '바스락대는 내 마음'이라고 하여 고독한 상태임을 은연중 드러내고 있고, '고라니'가 찾아와주는 것만으로도 마음의 '빚'을 졌다고 하여 그 외로운 정서를 간접적으로 확인시켜 주고 있다. '고라니', '빈집', '잠긴 열쇠 통', '콩알만 한 똥' 등의 이미지는 자연과 인간의 소소한 상호작용을 상징한다. 특히 '두어 평짜리 텃밭에 콩알만 한 똥을 누고' 간 고라니의 행동은 자연의 순수함과 그것이 주는 위안, 그리고 인간과의 교감을 상징적으로 표현한다. 〈빚을 진 날〉과 함께 맛깔난 시로 느껴지는 작품은 〈팽이〉이다.

아이구, 아지매예 내 좀 살리 주이소.

어머니의 회초리 한 대에
살려 달라 고래고래 나발을 불어대는 오빠는
뱅글뱅글 돌아가는 팽이처럼 마당을 뱅뱅 돈다

오빠의 종달음질에 어머니의 엇나가는 매질은
삭은 고무바퀴처럼 힘이 빠지고 만다
저런 문디 자슥

울밑에 줄줄이 입을 틀어막고 서있던
동네 아이들이 손을 툭툭 털고 일어나자
오빠는 따라나서고 싶어 엉디를 들썩거린다

_「팽이」 전문

 이 시는 어머니의 매질과 오빠의 도망치는 모습을 중심으로 한 장면들을 생생하게 묘사하고 있다. 시인은 가족 간의 역동적이고 현실적인 순간을 포착해 어린 시절의 한 단면을 생동감 있게 그려내고 있다. 이 시의 주제는 어린 시절의 가정 내 갈등과 동네 친구들과의 상호작용이다. 시인은 어머니의 매질과 오빠의 도망치는 모습을 통해 가정 내의 긴장과 해소, 그로 인한 감정을 표현하고 있다. '팽이', '삭은 고무바퀴', '울밑에 줄줄이 입을 틀어막고 서있던 동네 아이들' 등의 이미지는 시의 주요 장면을 생생하게 상징한다. 특히 '팽이'와 '삭은 고무바퀴'는 오빠의 도망치는 모습과 어머니의 매질을 상징적으로 표현한 어휘이다. 이 시의 묘미는 '저런 문디 자석'이라는 어머니의 욕설과 혼이 난 뒤에도 '동네 아이들'을 따라나서고 싶어 '엉디를 들썩거리는' 오빠의 실감 나는 형상에 있다. 우리 모두 그런 경험이 한 번쯤은 있을 수밖에 없어서 저절로 웃음이 나오는 대목이 아닐 수 없다. 지나간 시절의 풍경을 리얼하게 보여주고 있는 작품은 여럿 있는데 그중에서 빼놓을 수 없는 작품은 「여름 채집」이다.

쏟아지는 빗줄기 따라
얼떨결에 장화 속에 뛰어든 청개구리
저도 놀라 하늘로 치솟아 오르고
나도 놀라 물웅덩이에 엉덩방아를 찧고 말았네

앞마당에 모여 수다를 떨던 수레국화는
멍석에 둘러 앉아 먹는 찐 감자 내음에
자꾸만 곁눈질하며 군침을 흘렸네

한 평 남짓 그늘을 아이들에게 내어준
느티나무는 마른 먼지 풀풀 날리는
고무줄놀이에 적적함을 달랬네

해질녘 못다 논 친구들이 보고파
돌멩이로 담벼락에 얼굴을 새겨 넣고
집으로 돌아가는 발걸음이 달랑거렸네

아버지가 마당에 모깃불 피워 올리면
우리들은 청마루에 누워 별을 보고
어머니는 이야기보따리를 풀어헤쳤네

_「여름 채집」 전문

  이 시는 여름날의 생생한 기억과 감정을 담아내고 있다. 시인은 자연과 일상 속의 작은 순간들을 섬세하게 포착하여, 독자에게 여름날의 따뜻함과 추억을 전달한다. 이 시의 주제는 여름날의 소소한 일상과 그 속에서 느끼는 즐거움과 추억이다. 시인은 여름날의 다양한 장면들을 통해 자연과 인간의 상호작용을 그려내고 있다. 시 전체에 걸쳐 느껴지는 감정은 따뜻함과 향수이다. 시인은 여름날의 다양한 순간들을 통해 독자에게 따뜻하고 포근한 감정을 전달한다. '청개구리', '수레국화', '느티나무', '고무줄놀이', '모깃불', '별' 등의 이미지는 여름날의 다양한 장면들을 상징한다. 이러한 이미지는 시의 생동감을 더하며, 독자가 시 속의 장면을 생생하게 상상할 수 있도록 돕는다. 또한 '쏟아지는 빗줄기', '얼떨결에 장화 속에 뛰어든', '청마루에 누워', '적적함을 달랬네' 등의 표현은 여름날의 다양한 감정과 장면을 생생하게 전달한다. 이 시의 풍경은 우리가 살아온 전형적인 농촌이다. 그런 점에서 이 시는 우리로 하여금 추억으로 가는 열차에 오르게 한다. 이 시의 묘미는 '빗줄기'를 따라 얼떨결에 장화 속으로 뛰어든 '청개구리'의 모습에 있다. '저도 놀라 하늘로 치솟아 오르고/나도 놀라 물웅덩이에 엉덩방아를 찧고 말았네'라는 대목은 웃음을 유발하면서도 많은 생각을 갖게 한다. 그럴 경우, 누가 더 놀랠 것인가. 정답은 없다. '얼떨결에 장화 속에 뛰어든 청개구리'일 수도 있고, 장화 속에 뭔가 뛰어 들어와 꿈틀거렸을 때에 당황했을 어린 화자일 수도 있으리라. 이 시는 그렇듯 우리에게 상상의 재미를 선사한다.

이 시집에서 김영혜 시인의 역량을 여실히 느끼게 해

주는 작품은 「대추 한 알」이다.

> 무너질 듯 아슬아슬한 축담너머
> 옆집 할머니네 텃밭이 보인다
>
> 닭 벼슬 오글오글 긁어모아 붉게 핀
> 맨드라미는 줄지어 울타리를 치고
>
> 촘촘한 상추 틈에 까치발을 하고 선
> 고춧대는 너불거리는 잎 사이로
> 붉고 푸른 고추를 영글고 있다
>
> 키 발을 딛고 고개를 빼꼼 내밀은
> 감나무도 능갈치게 눈알을 굴려댄다
>
> 문짝 없는 뒷간에 앉아 볼일을 볼 때면
> 대추나무 한 그루 눈 하나 깜짝 않고
> 또랑또랑한 눈망울로 나를 빤히 쳐다본다
>
> 쳐다보지 말라 했제?
>
> 우리 집 뒷간을 허락 없이 넘어다 본 죄로
> 잘 익은 대추 한 알
> 똑
> 와작, 와자작!
>
> _「대추 한 알」 전문

이 시는 일상 속의 소소한 순간들을 통해 자연과 인간의 상호작용을 유머러스하고 섬세하게 그려내고 있다. 시인은 텃밭의 풍경과 뒷간에서의 경험을 통해 독자에게 친숙하면서도 흥미로운 장면을 제공한다. 이 시의 주제는 자연과 인간의 일상적 상호작용이다. 시인은 텃밭과 뒷간의 풍경을 통해 자연의 풍요로움과 인간의 소소한 일상을 그려내고 있다. 시 전체에 걸쳐 느껴지는 감정은 친숙함과 유머이다. 시인은 일상적인 장면을 유머러스하게 표현하며, 독자에게 웃음을 자아내게 한다. '맨드라미', '고춧대', '감나무', '대추나무' 등의 이미지는 자연의 풍요로움과 일상을 상징한다. 또한 '닭 벼슬 오글오글', '까치발을 하고 선 고춧대', '또랑또랑한 눈망울' 등의 표현은 독자에게 생생한 이미지를 제공한다. 특히 '대추 한 알'은 시의 유머와 반전을 상징적으로 표현하고 있다. 이 시의 묘미는 이야기의 재미와 자연과의 교감에 있다. 대추나무가 '뒷간'을 넘겨다보고 있다는 이야기 설정, 그 대추나무에게 '쳐다보지 말라 했제?'라고 말하는 시적 화자의 입말, 그리고 감히 '우리 집 뒷간을 허락 없이 넘어다 본 죄'로 '대추 한 알'을 따 먹는다는 이야기의 전개 과정이 재미를 안겨주고 있고, 특히 그 재미를 배가시키고 있는 것은 '똑'과 '와작, 와자작!'이라는 실감나는 의성어 사용에 있다는 점에서 시인의 높은 기량을 엿보게 한다. 시인은 자연과 인간의 일상적 상호작용을 섬세하고 생동감 있게 묘사하여, 독자에게 즐거운 독시 경험을 제공하고 있다.

3.

  김영혜의 최근 시편들은 상처 입은 자의 영혼이 어른거려 마음을 아프게 한다. 시인은 상처의 구체적인 모습을 드러내기보다는 그것을 억누르고 견디는 모습을 보여주며, 그 과정에서 끊임없이 자신을 헤집고 있는 모습까지를 그려냄으로써 읽는 이의 가슴을 더욱 아리게 한다. 이 시집은 상처의 심연에서 탄생한 절제미 넘치는 작품으로 기록될 것이다. 아울러 능수능란한 모어母語의 사용, 완숙한 솜씨로 그려낸 삶의 일상들, 그리고 실감나게 펼쳐지는 지나간 시절의 풍경들이 독자의 눈길을 사로잡을 것이다. 또한 이 시집은 읽어볼 만한 시편들이 많았는데, 이 시집의 제목이 포함된 「존재의 이유」를 비롯하여 어머니를 노래한 「미나리 어매」, 「가을의 안단테」, 「시간을 거슬러」, 그리고 「나에게」, 「관계의 유통기한」, 「묵은지가 되고 싶다」, 「1/2」, 「사량도 지리산을 오르며」 등이 그러했다. 김영혜 시인이 더 좋은 시인으로 거듭나기를 바라며, 일독을 권한다.